NOUVEL
ALPHABET
OU
INSTRUCTION
CHRÉTIENNE

Pour apprendre à lire aux Enfans,

Avec permission de Monseigneur
l'Evêque de Soissons, en date du 26
mai 1811.

A Saint-Quentin,
Chez F. Fouquier-Plomion.

1813.

IHS

A b c d e f g
h i j k l m n o
p q r s ſ t u v x y z &.

A a B b C c D d E e f F
G g H h I i K k L l M m N n
O o P p Q q R r S s ſ T t U u
V v X x Y y Z z.

*A a B b C c D d E e F f G g H h
I i K k L l M m N n O o P p Q q
R r S s T t U u V v X x Y y Z z &.*

ba   be   bi   bo   bu
ca   ce   ci   co   cu

da	de	di	do	du
fa	fe	fi	fo	fu
ga	ge	gi	go	gu
ha	he	hi	ho	hu
ja	je	ji	jo	ju
la	le	li	lo	lu
ma	me	mi	mo	mu
na	ne	ni	no	nu
pa	pe	pi	po	pu
qua	que	qui	quo	quu
ra	re	ri	ro	ru
fa	fe	fi	fo	fu
ta	te	ti	to	tu
va	ve	vi	vo	vu
xa	xe	xi	xo	xu
za	ze	zi	zo	zu

bab	beb	bib	bob	bub
bac	bec	bic	boc	buc
bad	bed	bid	bod	bud
bla	ble	bli	blo	blu
bra	bre	bri	bro	bru
chra	chre	chri	chro	chru
cla	cle	cli	clo	clu
dra	dre	dri	dro	dru
fla	fle	fli	flo	flu
fra	fre	fri	fro	fru
gla	gle	gli	glo	giu
gna	gne	gni	gno	gnu
gua	gue	gui	guo	guu
pla	ple	pli	plo	plu
pra	pre	pri	pro	pru
ſpa	ſpe	ſpi	ſpo	ſpu

sta	ste	sti	sto	stu
tla	tle	tli	tlo	tlu
tra	tre	tri	tro	tru
vra	vre	vri	vro	vru

L'ORAISON DOMINICALE.

NOTRE Père, qui êtes dans les Cieux, que vo-tre Nom soit sanc-ti-fié Que vo-tre rè-gne ar-ri-ve. Que vo-tre vo-lon-té soit fai-te en la ter-re com-me au Ciel. Don-nez-nous au-jour-d'hui no-tre pain de cha-que jour. Et par-don-nez-nous nos of-fen-ses, com-me

nous par-don-nóns à ceux qui
nous ont of-fen-fé Et ne nous
laif-fez pas fuc-com-ber à la ten-
ta-tion. Mais dé-li-vrez-nous
du mal Ain-fi foit-il.

La Salutation Angélique.

JE vous sa-lue, Ma-rie, plei-ne
de gra-ce, le Sei-gneur eft
avec vous ; vous êtes bé-nie en-
tre tou-tes les fem-mes, & Jefus le fruit de vos en-trail-les eft
bé-ni. Sain-te Ma-rie, me-re de
Dieu, priez pour nous pau-vres
pé-cheurs, main-te-nant à l'heu-
re de no-tre mort. Ainfi foit-il

Le Symbole des Apôtres.

JE crois en Dieu le Pè-re
tout-Puis-sant, Cré-a-teur
du Ci-el & de la ter-re. Et en
Je-sus Christ son fils u-ni-que,
no-tre Sei-gneur. Qui a été
con-çu du Saint Es-prit, & est
né de la Vi-er-ge Ma-rie. Qui
a souf fert sous Pon-ce Pi-la-te,
a été cru ci fi-é, est mort, & a
été en-se-ve-li. Qui est des-cen-
du aux en-fers, & le troi-si-è-me
jour est res-sus-ci-té des morts.
Qui est mon-té aux Ci-eux, &
est as sis à la droi-te de Dieu le
Pè-re Tout-Puis-sant. Et qui

de-là vien-dra ju-ger les vi-vans
& les morts.

Je crois au Saint-Ef-prit.

La fain-te E-gli-se Ca-tho-
li-que.

La Com-mu-nion des Saints.

La Ré-mif-fion des pé-chés.

La Ré-sur-rec-tion de la
chair.

La vie éternelle. Ainfi foit-il.

La Confession des péchés.

JE me con-tef-fe à Dieu Tout-
Puif-fant à la bien-heu-reufe
Marie tou-jours Vier-ge à faint
Mi-chel Ar-chan-ge, à faint
Jean-Bap-ti-fte, aux A-pô-tres

ſaint Pier-re & ſaint Paul, à tous les Saints, par ce que j'ai beau-coup péché par penſées, par pa-ro-les & par actions. J'ai péché par ma faute, par ma faute, par ma très grande faute, c'eſt pourquoi je ſupplie la bien-heu-reu ſe Ma-rie tou-jours Vier-ge, ſaint Mi-chel ar-chan-ge, ſaint Jean-Bap-tiſ-te les A pô-tres ſaint Pier-re & ſaint Paul, & tous les Saints, de prier pour moi le Sei-gneur nô-tre Dieu.

Prieres avant le Repas.

O Dieu, qui nous pré-ſen-tez les biens né-ceſ-ſai-res

pour nour-rir no-tre corps ;
dai-gnez y ré-pan dre vo-tre
sain-te bé-né-dic-tion et nous
fai tes la gra-ce d'en u-ser so-
bre-ment. Au ☩ nom du Pè-re
et du Fils, et du Saint-Es-prit.

Ain-si soit-il.

Action de grâce après le Repas.

SEi-gneur, nous vous ren-
dons nos très-humbles ac-
tions de gra-ce, des biens que
vous nous a-vez don-né pour la
nour-ri-tu-re de no-tre corps,
qu'il vous plai se de nour-rir aus-

fi no-tre A-me de vo-tre gra-ce
dans l'ef-pé-ran-ce de la vie
é-ter-nel-le. Par Je-fus-Chrift
no-tre Sei-gneur. Ain-fi foit-il.

Que les A-mes de nos Pa-
rens, de nos A-mis, & de tous
les Fi-dè-les qui font morts
re-po-fent en paix, par la mi-
fé-ri-cor-de de Dieu.

Les dix Commandemens de Dieu.

UNfeul Dieu tu adoreras,
Et aimeras parfaitement
Dieu envain tu ne jureras
Ni autre chofe pareillement.
Les Dimanches tu garderas,

En servant Dieu dévotement,
Père et Mère honoreras,
Afin que tu vives longuement.
Homicide point ne feras,
De fait ni volontairement.
Luxurieux point ne feras,
De corps ni de confentement.
Le bien d'autrui tu ne pren-
dras,
Ni retiendras fciemment,
Faux témoignage ne diras
Ni mentiras aucunement.
L'œuvre de chair ne defireras
Qu'en mariage feulement.
Biens d'autrui ne convoiteras,
Pour les avoir injustement.

Les Commandements de l'Eglise.

LEs Fêtes tu sanctifieras,
Qui te sont de commande-
ment.

Dimanches & Fêtes Messes
ouïras,

En servant Dieu dévotement.
Quatre-Tems Vigiles jeûneras,
Et le Carême entierement.

Tous tes péchés confesseras,
A tout le moins une fois l'an.

Et ton Créateur recevras,
au moins à Pâques humblement

Vendredi chair ne mangeras,
Ni le Samedi mêmement.

Devoirs des Enfans envers leurs Pere et Mere.

1. Les Enfans doivent honorer leurs Pere et Mere, en tout âge & en tout état.

2. Ils doivent leur obéïr en toutes choſes, où Dieu n'eſt point offenſé.

3. Ils doivent les aimer & les reſpecter auſſi bien dans les chatimens que dans les careſſes.

4 Ils doivent éviter avec grand ſoin de les attriſter, où de les mettre en colère.

5. Ils doivent les aſſiſter dans leur pauvreté, juſqu'à tout vendre pour cela.

6 Ils doivent après leur mort prier & faire prier Dieu pour le repos de leurs Ames, & exécuter ponctuellement leurs dernières volontés.

Saint Paul aux Ephéſiens. ch. 9.

Honorez votre Père et votre Mère : c'eſt là le premier Commandement auquel Dieu a attaché une promesse de récompenſe pour ceux qui l'obſerveront ; qui eſt qu'ils feront heureux & vivront long-temps ſur la terre.

COURTES PRIERES

DURANT LA MESSE;

A L'USAGE DES ENFANS.

En entrant dans l'Eglise.

QUe ce lieu est terrible & vénérable; c'est ici la maison de Dieu & la porte du Ciel: faites, Seigneur, que je sois dans le respect, & que je tremble à la vue de votre Sanctuaire.

En prenant de l'Eau-bénite.

Mon Dieu, répandez en moi l'eau de votre grace, pour me

B

purifier de plus en plus , afin que les adorations que je viens vous préfenter, vous foient agréables

Avant que la Meſſe ſoit commencée.

Je viens, ô mon Dieu, pour affifter au faint Sacrifice ; donnez-moi votre grace , afin que j'y affifte avec une foi vive, un amour ardent & une humilité profonde.

Pendant que le Prétre eſt au bas de l'Autel ,

J'ai péché, ô mon Dieu , je ne fuis pas digne de lever les yeux au Ciel, ni de regarder votre Autel pour vous adorer, mais que tous les Saints vous prient pour moi. Je vous demande grace, ô Dieu Tout-Puissant faites-moi miséricorde, & m'accordez le pardon de mes péchés, par Jesus-christ notre Seigneur.

Quand le Prétre est monté à l'Autel.

Pere céleste, qui êtes Dieu, ayez pitié de nous. Fils Rédempteur du monde, qui êtes Dieu, ayez pitié de nous. Esprit - Saint, qui êtes Dieu, ayez pitié de nous.

Au Gloria in excelsis.

Je vous adore, ô Pere céleste, vous êtes le souverain Seigneur

le Roi du Ciel, le Dieu Tout-
Puiſſant. Je vous adore auſſi, ô
Jeſus mon Sauveur : vous êtes
le ſeul Saint, le ſeul Seigneur,
le ſeul Très-Haut, avec le
Saint-Eſprit, en la gloire de
Dieu le Père.

Pendant les Oraiſons.

Dieu Tout-Puiſſant, faites
nous la grace d'avoir l'eſprit
tellement rempli de ſaintes penſées, que toutes nos paroles &
nos actions ne tendent qu'à
vous plaire, par Jeſus-Chriſt
notre Seigneur.

A l'Epître.

Faites-moi ô mon Dieu, la

grace d'aimer votre sainte parole d'en apprendre les vérités, & d'en pratiquer les préceptes, dès mon enfance.

A l'Evangile.

Seigneur, béniffez mon efprit, ma bouche & mon cœur, de forte que mes penfées, mes paroles et mes actions foient réglées par votre Evangile, & que je fois toujours prêt à marcher dans la voie des faints commandemens qu'il contient.

Au Credo.

Augmentez ma foi, Seigneur, rendez-la agiffante par la charité, & faites-moi la grace de vous être fidèle jusqu'à la mort, afin que je reçoive la couronne de vie.

A l'Offrande.

O Dieu, qui dites dans votre parole : Donnez-moi votre cœur je vous offre le mien, en même tems que le Prêtre vous offre ce Pain et ce Vin : Je vous offre aussi mon corps ; faites que ce corps et cette ame soient une Hostie vivante, sainte et agréable à vos yeux.

Lorsque le Prêtre lave ses mains.

Lavez-moi, Seigneur, dans le Sang de l'Agneau sans tâche

pour effacer de mon corps &
de mon ame les moindres tâ-
ches du péché.

A l'Orate fratres.

Que le Seigneur veuille recevoir ce saint Sacrifice pour sa
gloire, pour mon salut & pour
l'utilité de toute son Eglise.

A la Préface.

Elevez, Seigneur, mon cœur
au Ciel, afin que je vous y adore
avec les Anges en disant comme
eux : Saint, Saint, Saint, le Seigneur, le Dieu des Armées : les
Cieux & la terre sont remplis
de la majesté de votre gloire

Après le Sanctus.

Mon Dieu, défendez votre Eglise contre tous ses ennemis visibles & invisibles : conduisez par votre grace notre saint Père le Pape , Monseigneur notre Evêque, & les autres Pasteurs à qui vous avez confié le soin des Ames : bénissez mes Parens , mes Bienfaiteurs & mes amis , & particuliérement N. (*Il faut ici penser aux Personnes pour qui on est obligé de prier*).

Avant la Consécration.

Nous vous prions , Seigneur, que votre juste colère étant pa-

paifée; vous receviez favorable-ment l'offrande que nous allons vous préfenter: donnez-nous la paix pendant le refte de nos jours, & nous mettrez au nom-bre de vos Elus.

A l'Elévation de la Ste. Hoftie.

C'eft là votre Corps, ô mon divin Sauveur; je le crois, parce que vous l'avez dit; j'adore ce Corps facré avec une humilité profonde, je l'offre à votre Père pour mon falut.

A l'Elévation du facré Calice.

C'eft-là votre Sang, ô mon Dieu, ce Sang adorable qui a été répandu pour la rémiffion

de mes péchés, que je fois auffi
toujours prêt de répandre le
mien pour votre gloire.

Après l'Elévation.

Faites-moi la grace, ô mon
Dieu, de me fouvenir toujours
que ce corps facré qui eft main-
tenant préfent fur l'Autel, a été
livré à la mort, & que ce divin
Sang qui eft dans le précieux
Calice, a été répandu pour
mon falut, afin que je vous fer-
ve toute ma vie avec ardeur :
fouvenez vous auffi de cette
mort, afin que vous me pardon-
niez mes péchés avec miféri-

Au Memento *des Morts.*

Souvenez-vous, Seigneur, de vos serviteurs et de vos servantes qui sont morts dans la foi et qui dorment du sommeil de la paix et particuliérement de N. (Il faut ici penser aux morts pour qui on est obligé de prier.)

Pardonnez-leur, ô mon Dieu le reste de leur péchés, et leur accordez votre saint Paradis, afin qu'ils se reposent parfaite- ment de leurs travaux et de leurs peines.

A Nobis quoque peccatoribus.

Seigneur, ayez pitié de moi

[28]
qui suis un misérable pécheur,
& daignez, nonobstant mon
indignité, m'accorder un repos
éternel avec tous vos Saints.

A la seconde Elévation.

Recevez ô mon Dieu, cette
Offrande du corps & du Sang
de votre Fils; & rendez-moi
participant des merites de sa
mort. Père céleste, avec lui, par
lui & en lui à vous appartient
toute la gloire & la louange.

Au Pater Noster.

Il faut dire : Notre Père qui
êtes dans les Cieux. &c.

Après le Pater.

Délivrez-nous , Seigneur

par votre bonté, de tous les maux paſſés, préſens & à venir & aſſiſtez-nous du ſecours de votre miſéricorde, afin que nous ne ſoyons jamais eſclaves du péché.

A l'Agnus Dei.

Agneau de Dieu, qui effacez les péchés du monde, ayez pitié de nous.

Agneau de Dieu, qui effacez les péchés du monde, ayez pitié de nous.

Agneau de Dieu, qui effacez les péchés du monde, donnez-nous la paix.

Au Domine non sum dignus.

Seigneur, je ne suis pas digne que vous entriez dans mon cœur ; mais vous pouvez me délivrer de mon indignité, dites seulement une parole, & mon ame sera guérie.

O mon doux Jesus : qui désirez si ardemment de vous unir à nous, je vous ouvre mon cœur, pour vous y recevoir comme mon Sauveur & mon Dieu

Lorsque le Prêtre communie.

Que votre Corps, ô mon divin Rédempteur, & votre

Sang précieux purifient mon corps & mon ame : qu'ils me fortifient & me nourriffent fur la terre, jufqu'à ce que je fois raffafié de votre préfence dans le Ciel.

Après la Communion.

Mon Dieu, ne laiffez pas rentrer dans mon ame le péché que vous y avez détruit par le Baptême. Que Jefus Chrift mon Sauveur vive toujours en moi, & que je fente fa divine préfence, en faifant des actions conformes à celles qu'il a faites lorfqu'il étoit fur la terre.

A la Bénédiction.

Que Dieu Tout-Puissant nous bénisse, le Père, le Fils & le Saint-Esprit. Ainsi soit-il.

A l'Évangile selon Saint Jean.

Jesus mon Sauveur, vous êtes le Fils unique de Dieu ; vous êtes Dieu comme le Père & le S. Esprit : cependant pour nous sauver vous êtes venu au monde, vous avez souffert la mort, vous vous rendez présent sur le saint Autel. O que vous nous aimez parfaitement ! Je veux aussi vous aimer de tout mon cœur, & vous servir tous les jours de ma vie. Ainsi soit-il.

www.ingramcontent.com/pod-product-compliance
Lightning Source LLC
Chambersburg PA
CBHW051401060726
47596CB00005B/2022